AF199433

So lebt
Heidelberg

Der perfekte Reiseführer für einen unvergessli-
chen Aufenthalt in Heidelberg inkl. Insider-Tipps,
Tipps zum Geldsparen und Packliste

Anneke Winkels

✈ INHALT

Vorrede

Dieser Reisebegleiter erweckt die Sehnsucht nach Neuen Abenteuern. Es erwarten Sie atemberaubende Sehenswürdigkeiten, spannende Erlebnistouren und Spaß für die ganze Familie. Von Entspannung über praktische Hinweise bis hin zu Restaurants und Übernachtungen werden Sie alles finden, um einen wundervollen Aufenthalt in der romantischen Heidelberger Stadt zu erleben. Sie werden diese Stadt lieben, das versichere ich Ihnen. Vor zwei Jahren verliebte ich mich in diese magische Stadt am Neckar, ich stolzierte durch die Altstadt und mir wurde bewusst, dass ich früher oder später hier leben werde. Fred Raymond sang einst, „Ich habe mein Herz in der historischen Stadt am Neckar verloren... Mein Herz, es schlägt am Strand der Neckarwiese, er singt über diese bezaubernde Großstadt und bezeichnet Sie als deutsches Himmelreich. Und tatsächlich, es stimmt! Diese Stadt hat etwas ganz Auffallendes und Eigenes. So schwärmerisch sentimental, aber doch alteingesessen und überzeugend. Eine Atmosphäre und Ausstrahlung, die ich sonst aus keiner deutschen Stadt kenne.

In dieser Stadt lebt ein verführerischer Liebeszauber, denen auch schon viele Schriftsteller und Tonkünstler, wie Joseph Victor von Scheffel, Hilde Domin und noch viele weitere, verfallen sind. Auch ein namhafter Architekt, der zahlreiche Bauten in Heidelberg, wie etwa das Heidelberger Rathaus, entworfen hat, schwärmte für diese Stadt. Selbst Friedrich Ebert, der erste Reichspräsident der Weimarer Republik, wurde in Heidelberg geboren. Wie Sie sehen, steckt diese Stadt voller unglaublicher Überraschungen. Allein das geschichtliche Geschehen ist so spannend, dass Sie diese Stadt in ihren Bann ziehen wird. Also: Alles, was Sie auf keinen Fall verpassen dürfen, erfahren Sie hier. Viel Spaß!

➤ Pizza nach Gewicht

Verschiedene Toppings, wie z. B. Kichererbsen Püree, Feigen, Melanzani, Austernpilze, Käse, Koriander-Petersilien-Pasta und Birnen-Weichkäse sowie rein pflanzliche Pizzen sind äußerst gefragt. Das Highlight im „**Unter Freunden**" ist im Übrigen, dass die Pizza nicht im ganzen Stück serviert wird, sondern sie lassen sich die Exemplare je nach Appetit schneiden und zahlen nach Gewicht.

➤ köstlich, cremig

Kaffee! Regionale Röstsorten und entspannte Atmosphäre, dank der Slayer Espressomaschine. An der Kaffeebar „**Coffee Nerd**" können Sie an der Auslage ruhen oder selbstverständlich im Freien. Auf dem zweiten Stockwerk lesen die Besucher gerne im Idyllischen in gemütlichen Sesseln. Bestellen Sie zur Krönung unseren Favoriten, den Pastels de Nata.

Insidertipps → Designklassiker

Innovative Materialien, fair gehandelte Produkte und Handgefertigtes aus der Region. Von Holz-Brettchen über Keramikschalen bis hin zu Kerzen ist in diesem Schlichten „**Vierling Store**" alles für Ihre Inneneinrichtung zu finden.

Insidertipps → Liebe neu entfachen

Unterhalb der Nepomuk-Terrasse an der Nordseite der Alten Brücke steht der mächtige Sandstein. An diesen „**Liebesstein**" kann man Liebesschlösser hängen. Jungverliebte besiegeln somit symbolisch ihre ewige Liebe.

Insidertipps → Liebenswert, verrückt

Das Highlight vieler Kindheitserinnerungen wird hier im „**Zuckerladen**" zum Leben erweckt, die bekannte Schnuckeltüte – für wenig Geld eine Tüte aus vielerlei Süßigkeiten zusammenstellen. Was diesen

Laden so besonders macht: Die Besitzer, die diesen Besuch zu einem unvergesslichen Erlebnis machen. Zudem wird der Laden auch von Amerika und Australien beliefert.

 **Klein, aber fein**

Hier ist die Liebe Zuhause. Für alle Bücherliebhaber ist hier etwas dabei. Der kleine, aber feine Eckladen „**Wortreich**" setzt der Fantasie keine Grenzen. Jeder, der diesen Buchladen betritt, verlässt ihn mit einem Lächeln, unabhängig davon, ob Sie etwas gekauft haben oder nicht.

Bummel-Paradies

Auf der circa 1,5 Kilometer langen autofreien Hauptstraße zwischen Marktplatz und Bismarckplatz zieht sich die historische „**Altstadt**" entlang. Sie ist eine der attraktivsten Einkaufsstraßen Europas. Die zahlreichen Boutiquen laden zum Stöbern ein.

Insidertipps ➤ **Route zum Verlieben**

Rund zwei Kilometer führt der „**Philosophenweg**"
von dem Ortsteil Neuenheim hinauf zu dem Heiligenberg. Festes Schuhwerk und los geht die Wanderung an Zypressen, Palmen und Pinien vorbei. Am
Philosophengärtchen angekommen, haben Sie die
beste Aussicht auf das Heidelberger Schloss.

Praktische Hinweise

ANREISE

✈ **Ein Frankfurt-Airport-Bus** (**www.frankfurt-airport-shuttle.de**) pendelt täglich ab Flughafen Frankfurt Terminal 1|Halle B|Ankunftsebene|B3| (bei Onlinebuchung Terminal 2). Das Shuttle fährt bis Crown Plaza Hotel (Kurfürstenanlage 1-3|Tel. 06221 / 91 70). Erwachsene zahlen mit Hin- und Rückfahrt 48 Euro. Ermäßigung gibt es mit dem Lufthansa-Ticket, die Kosten belaufen sich mit Hin- und Rückfahrt auf 46 Euro. Studenten bezahlen 16 bzw. 30 Euro. Ohne Reservierung nicht buchbar.

Der einzige Hauptbahnhof mit S-Bahn (S5/51|S1-4), die Regionalbahn (RE1|RE10|RE17b|-RE60), der Interregional und der Schnellzug-Anschluss liegen im Westen der Stadt. Touristen-Informationen und Taxis befinden sich am östlichen Ausgang. Die Straßenbahnlinie (21) und Busse (32,33) zum Stadtkern fahren am nördlichen Hintereingang ab.

Innerhalb der Bergheimer Straße ergibt sich die Möglichkeit, ein Stadtanschluss über die Autobahn (A656) nach Mannheim als auch nach Frankfurt/Darmstadt (A5) | Karlsruhe/Basel (A5) | Heilbronn/Stuttgart (A6/A81) zu nehmen. Ein Park-and-ride-Platz für Überquerungen in die Innenstadt und zur Burg steht in der Jahreszeit (April-Oktober) samt Wochenenden und Gedenktagen im Neuenheimer Feld zur Verfügung. Ansonsten gibt es an jeder Ecke Parkhäuser (Karlsplatz | Bismarckplatz | Stadtbücherei).

Ankunft und Abfahrt der Fernbusse ist am Hauptbahnhof vor dem Fastfood Restaurant McDonald's. Die Linien 5, 21, 24, 32-34 fahren an den

Hauptbahnhof. Ein Tagesticket mit dem Bus für Erwachsene kostet 9,65 Euro und für Kinder 5,65 Euro.

AUSKUNFT

Touristen-Information

(Hauptbahnhof) Willy-Brandt-Platz 1 | ☏ 06221 / 5 84 44 44

Obere Neckarstraße 31-33 am Marktplatz, Rathaus | ☏ 06221 / 5 84 02 44

Neue Schlossstraße 44 | ☏ 06221 / 53 84 72

FAHRRADVERLEIH

Die Mietstation Call-a -Bike | ☏ 069 / 42 72 77 22 | (www.callabike-interaktiv.de) betreibt mehr als 16.000 Fahrräder bundesweit (Leihgebühr pro Tag 15 Euro, Pedelecs ab 22,50 Euro pro Tag).Die Initiative Rückenwind vermietet ebenfalls Pedelecs für 20 Euro am Tag oder 30 Euro für ein ganzes Wochenende, die Kaution hierfür beträgt 100 Euro in bar.(Kurfürstenanlage 62 | ☏ 06221 / 18 99 28 | www.rueckenwind-hd.org).

Klimabewusst Reisen

Sie können auf Reisen viel bewirken, indem Sie die CO_2-Bilanz auf Hin- und Rückreise im Auge behalten (**www.atmosfair.de**), **de.myclimate.org**). Somit planen Sie Ihre Route umweltbewusst (www.routen-rank.com). Gerade als Tourist ist es wichtig, auf gewisse Aspekte wie Naturschutz, wenig Auto fahren, regionale Produkte und auf vieles mehr zu achten. Wenn Sie mehr über Nachhaltigkeit beim Reisen wissen wollen, dann ist hier ein kleines Video: **https://www.youtube.com/ watch?v=MCuNthqADN8&t=599s).**

Tipps von A bis Z:

FUNDBÜRO

Hospitalstraße 5 | ☎ 06221 / 65 37 97

HEIDELBERG-CARD

Die Heidelberg-Card beinhaltet freie Fahrten mit den öffentlichen Verkehrsmitteln des Verkehrsverbundes Rhein-Neckar in der Großwabe Heidelberg (Wabe 125), inklusive Schlossticket und Bergbahn (Hin- und Rückfahrt) sowie einmaligen Eintritt in den Schlosshof mit dem Fasskeller und dem Besuch des Deutschen Apotheken-Museums. Ermäßigung gibt es bei Führungen und Touren, Museen und Ausstellungen, in Gastronomien, beim Shoppen und in

Sachen Kultur. Die Tickets gibt es für einen Tag (17 Euro pro Person), 2 Tage (19 Euro pro Person), 4 Tage (21 Euro pro Person) und für Familien (2 Erwachsene , bis 3 Kinder oder 1 Erwachsener , bis 4 Kinder unter 16 Jahren) kostet es 40 Euro. Auf www.heidelberg-marketing.de kann man sich diese nützliche Card bestellen, ansonsten ist sie bei den Touristen-Informationen am Hauptbahnhof und im Rathaus erhältlich.

KARTENVORVERKAUF

Theater Heidelberg | Mo.-Sa. 11-18 Uhr | Theaterstraße 10 | ☎ 06221 / 58 20 00 00
Rhein-Neckar-Zeitung GmbH | Mo.-Fr. 8.30-17 Uhr, Sa. 10-14 Uhr | Neugasse2 | ☎ 06221 / 51 90-11 80
Zigarren Grimm | Mo.-Fr. 9-19 Uhr, Sa. 10-17 Uhr | Sofienstraße 11 | ☎ 06221 / 2 09 09

VORWAHLEN

Heidelberg: 06221, 06202

INTERNETZUGANG

Das WLAN-Netz *Heidelberg4you* umfasst die Gebiete um den Bismarckplatz, Marktplatz, Hauptbahnhof und rund ums Schloss sowie die Hauptstraße, Neckarwiese und das Gelände auf dem Königstuhl. Das Wifi-Netz kann zeitlich unbegrenzt von 1000 Personen gleichzeitig genutzt werden.

Was kostet es?!

Kaffee	1,80-3,00 € für 1 Tasse
Essen	7 - 15,00 € für 1 Mittagsmahl
Bus	1,70 € Für eine Einzelfahrt für Erwachsene
Bergbahn	12,00 € Für eine Fahrt auf den Königsstuhl und zurück
Neckar-Schifffahrt	9 - 40,00 € Erwachsene Hinfahrt und Rückfahrt
Souvenir	4 – 15,00 € Magnete, Tassen-Reliefs, Flaschenöffner

NOTRUF

Polizei: ☎ Notruf: <u>110</u>

Die Polizeidirektion

☎ 06221 / 9 90 | Römerstraße 2-4 dauerhaft verfügbar.

Feuerwehr: <u>112</u>

Stadt Heidelberg

☎ 06221 / 5 81 05 80 | Marktplatz 10

POST

Hauptpost | Sofienstraße 8 - 10, 69115 Heidelberg

Postamt | Grabengasse 14, 69117 Heidelberg

DIE BERGBAHN

Mit 1,5 Kilometern ist die Heidelberger Bergbahn die längste in ganz Deutschland. Bei einer Geschwindigkeit von zwei Metern pro Sekunde, genießen die Gäste die herrliche Aussicht über die historische Stadt zu ihren Füßen. Den ersten Teil vom

Kornmarkt bis auf das Schloss Heidelberg und anschließend zur Molkenkur sitzen sie in der modernsten Standseilbahn Deutschlands. Das letzte Stück, welches nicht im Schlossticket enthalten ist, bis hoch zum Königstuhl bestreiten sie mit Deutschlands langjähriger Gondelbahn. Die Preise für die Hin- und Rückfahrt eines Erwachsenen belaufen sich auf 12 Euro, bei Kindern von 6-14 Jahren auf 10 Euro und die unter 5-Jährigen fahren kostenlos mit. Nähere Infos auf www.bergbahn-heidelberg.de

BEVÖLKERUNG

Die historische Stadt am Neckar hat 160.601 Einwohner, etwa 39 Prozent der Einwohner sind jünger als 30, knapp 16 Prozent älter als 65. Der Ausländeranteil beträgt 21 Prozent und damit steht Heidelberg für Internationalität und Weltoffenheit. Die unterschiedlichen Konfessionen sind Christentum, Judentum, Islam und Buddhismus. Seit letztem Jahr (2019) gibt es 24,2 Prozent mit Konfession römisch-katholisch, evangelischen Glaubens sind 27,7 Prozent und 48,1 Prozent sind entweder konfessionslos, jüdisch, islamischen Glaubens oder buddhistisch. Es gibt in Heidelberg 5 Kirchen für das Christentum, zum einen die Christuskirche, die Peterskirche und die Heiliggeistkirche und zum anderen die Jesuitenkirche und die Bonifatius-Kirche. Für das Judentum gibt es die Synagoge. Der Islam erhält zwei Moscheen.

WIRTSCHAFT

Heidelberg war lange eine „Residenz des Geistes". Auch heute zählt Heidelberg als das Dienstleistungs- und Forschungszentrum der Region. Heidelberg gehört laut „Zukunftsatlas 2016" zu den besten Bezirken mit sehr hohen Zukunftschancen.

In Heidelberg gibt es rund 117.500 Arbeitsplätze, davon arbeiten 87 % der Bevölkerung im Dienstleistungssektor und 70 %, also 89.500 Menschen arbeiten im wissensintensiven Dienstleistungsbereich. Die Universität ist der größte Arbeitgeber in Heidelberg mit über 15.000 Arbeitsplätzen sowie internationale Betriebe wie SAP, SAS Institute und Lamy sind hier vertreten. Der Tourismus ist der bedeutendste und wichtigste Wirtschaftssektor, jährlich besuchen etwa 11,9 Millionen Gäste das Lieblingsreiseziel Heidelberg, damit zählt Heidelberg neben Mannheim und Ludwigshafen zu den 3 oberen Zentren in der Metropolregion Rhein Neckar.

NECKARSCHIFFFAHRT

Die **Weiße Flotte** ist von Anfang Frühling bis Ende Herbst in Betrieb. Das Programm enthält unter anderem Heidelbergfahrten, die „Kleine Neckartalfahrt" und auch Fahrten nach Neckarsteinach oder die Burgenfahrten. Abfahrtstelle, Kartenverkauf und Programmangebote: Stadthalle (Neckarstaden 25 | Tel. 06221/2 01 81 | www.weisse-flotte-heidelberg.de | Die Buslinien 31, 32, 35 fahren zum Kongresshaus.

Die Liselotte, das kleine Fährschiff, verkehrt Mi. - Mo. von 10-18 Uhr auf dem Neckar, bis zum Marriott Hotel und zurück. Zudem sorgt der weltgrößte Edelstahl-Solarkatamaran für Faszination auf den Neckarrundfahrten. ☎ 0173 / 9 83 86 37 | www.hdsolarschiff.de.

ENERGIEVERSORGUNG

Heidelberg fördert Solarenergie mit dem Ziel, ein innovatives Mieterstrommodell zu schaffen und eine klimaneutrale Stadt zu werden. Die Stadt wurde im Februar 2015 als Energie-Kommune ausgezeichnet. Bis 2050 soll Heidelberg die Treibhausgas-Emissionen auf null und den Energie-Verbrauch auf 50 Prozent reduzieren. Seit 2018 betreibt die Heidelberger Energiegenossenschaft auch Bürgersolaranlagen und ist außerdem an Windrädern beteiligt.

Taxi

Am Hauptbahnhof, an der Alten Brücke, am Universitätsplatz und am Bismarckplatz finden Sie Taxistände. Über 130 Taxis an 33 Halteplätzen stehen 365 Tage im Jahr zur Verfügung. Eine Fahrt vom Bismarckplatz zum Hauptbahnhof kostet Sie circa 6,00 Euro. Mehr Infos auf www.taxizentrale-heidelberg.de oder mit der kostenlosen App *Taxi Deutschland* ganz einfach ein Taxi bestellen.

Taxizentrale: ☎ 06221 / 30 20 30 oder 06221 / 1 94 10

Überblick der Stadt

Die übersichtliche Größe der Stadt macht die Erkundung für inquisitive Besucher sehr ordinär, denn viele Sehenswürdigkeiten sind problemlos zu Fuß zu bewältigen oder in maximal 10-15 Minuten mit dem optimal funktionierenden Nahverkehrssystem zu erreichen. Egal, ob Sie zu Fuß gehen oder den Nahverkehr nutzen, Sie werden bei beidem die Atmosphäre in Heidelberg nicht verpassen. Über den bekannten Treppenweg mit fast 400 Stufen gelangen Sie am schnellsten zur Residenz, dem Schlossgarten, dem Fasskeller, in dem das größte Fass der Welt steht, und zum deutschen Apothekenmuseum der historischen Stadt am Neckar. Oberhalb des Schlosses finden Sie dann die Himmelsleiter, die eine starke Herausforderung darstellt, da die Treppe sehr steil und uneben ist. Sie führt bis hoch auf den Königstuhl, insgesamt gibt es 1200 Stufen zu überwinden. Oben angekommen, haben Sie allerdings die

beste Aussicht und stellen fest, dass sich der Auf-
wand gelohnt hat.

Die Geschichte der Stadt

DIE GESCHICHTE DER ROMANTISCHEN STADT AM NECKAR

H eidelberg wird 1196 urkundlich das erste Mal erwähnt. Zum damaligen Zeitpunkt befand sich die Metropole im Besitz des kirchlichen Verwaltungsbezirks Worms und reicht bis zu Kolonien im Heidelberger Stadtteil zur Epoche der Völkergruppen von **Kelten** und **Römern**. Im 13. Jahrhundert entstand das Heidelberger Schloss und daraus die Residenzstadt der Pfalzgrafen am Rhein. Somit brach das rund fünfhundertjährige goldene

Zeitalter als Mittelpunkt der Kurpfalz ein. Als zentrale Akademie im derzeitigen deutschen Territorium wurde die Hochschule 1386 etabliert.

Keltische Zeit im Heidelberger Areal

Ab ungefähr 500 v. Chr. gab es in der Evolution im Ortsteil Heidelberg die Kelten. Der Volksstamm der Helvetier gründete auf dem Heiligenberg eine befestigte Siedlung, deren doppelte ringförmige Wallanlage noch heute zu erkennen ist. Unter der Bedrohung des vordringenden germanischen Volkstamms – der Völkerwanderung der Sueben unter Heerführer Ariowist – emigrierten die Helvetier im 1. Jahrhundert v. Chr. das Heidelberger Imperium und versuchten, sich in Gallien anzusiedeln. Nach dem die Helvetier 58 v. Chr. von den Römern besiegt wurden, blieb die Oberrheinebene umfassend trivial.

Römische Herrschaft in dem Stadtgebiet Heidelberg

Während der Regierungszeit von Tiberius (14-37 n. Chr.) schlossen die Römer vertraute Germanen vom Stamm der Neckarmündung zusammen, um eine Zone für Konfliktparteien innerhalb des Rheins – der äußerlichen Grenze des römischen Reichs und Germaniens – zu schaffen. Später, unter Kaiser

Vespasian (69-79 n. Chr.), rückten die Römer ihre Demarkation in die Stromrichtung des Rheins vor und formierten im heutigen Heidelberger Stadtgebiet ein Militärlager. Oberhalb des Neckars bauten die Römer ein hölzernes Viadukt, um das Jahr 200 n. Chr. wurde daraus eine 260 Meter lange Steinpfeilerbrücke. Das Kastell im Heidelberger Sektor entwickelte sich erfolgreich zu einem Töpferei-Zentrum.

Im Zeitalter des 3. Jahrhunderts vertrieben die Alemannen die Römer. Der Germanenstamm durchbrach 233 n. Chr. den Limes, ein Segment des damaligen Grenzgebiets des römischen Herrschaftssektors. Mitten im Rhein und der Donau fielen sie in römisches Territorium ein. Der Obergermanisch-Rätische Limes wurde ein Bodendenkmal und zählt seit 2005 als Weltkulturerbe.

260 n. Chr. mussten sich die Römer geschlagen geben und der Völkerstamm der Alamannen siedelte sich im Grenzland der Römer an.

Sehenswertes in Heidelberg

HEIDELBERGER SCHLOSS

Der Aufbau des Schlosses

Lange Zeit wurde spekuliert, ob die Etablierung des Heidelberger Palasts auf den Zwischenraum vom Ende des 13. Jahrhunderts und dem Beginn des 14. Jahrhunderts zurückzuführen ist. Mittlerweile nimmt man an, dass die Entstehung am Anfang des 13. Jahrhunderts stattfand, dabei handelte es sich allerdings nur um eine Burg.

Der Ausbau dauerte bis dahin noch weitere 400 Jahre.

Ruprecht III., der erste und einzige Kurfürst der

Pfalz, begann 1401 mit dem schrittweisen Auf- und Umbau der Residenz, gleichzeitig wurde die Burg zu einer Festung umstrukturiert. Von 1592 bis 1610 wurde das Schloss weitgehend erweitert. Sechs Jahre später wurde der Garten der Wiedergeburt erbaut, er nennt sich auch der Pfälzische Garten von Friedrich V.

Mehr Informationen zum geschichtlichen Bau der Residenz gibt es im 3D-Buch des Heidelberger Schlosses.

Die Zerstörung des Schlosses

Im Zuge des „dreißigjährigen Kriegs", der von 1616 bis 1648 tobte, flogen erstmals Kanonenkugeln gegen das Schloss und somit endete fürs Erste die Geschichte des Schlossbaus. Von nun an ging es um Wiederherstellung und erneute Zerstörung.

Die Anfänge der Zerstörung

Im Jahre 1619 verstarb Monarch Matthias, der ebenso Regent vom heutigen Tschechien war. Noch vor seinem Tod wurde sein Cousin zum König ernannt, allerdings setzten die böhmischen Stände ihn eigenständig ab und Friedrich V. wurde am 4. November 1619 zum König ernannt. Damit begann ein neuer Aufstand, und zwar die „Schlacht am weißen Berg" bei Prag. In ihrem Verlauf verlor Friedrich V. den Kampf und musste aus Böhmen fliehen. Zum einen verlor er das böhmische Königreich und zum anderen auch die Pfalz als sein eigenes Herrschaftsgebiet. Am 26. August 1622, also 3 Jahre später, eröffnete der Feldmarschall im Auftrag des Herzogs von Bayern die Bombardierung Heidelbergs. Kurz darauf nahm er die Stadt und das Schloss Heidelberg am 16. September 1622 ein. Elf Jahre später, am 5. Mai 1633, kam es zum erneuten Kampf mit Schweden, sodass das Schloss erneut angegriffen wurde. Die Festung wurde am 26. Mai 1633 vom kaiserlichen Kommandanten an Schweden übergeben. Im Jahre 1634 nahmen die Streitkräfte des Kaisers die Burg ein und feierten den Sieg. Damit endete der Zerfall des Schlosses noch lange nicht, dies erfolgte erst fünfzig Jahre später.

Der Pfälzische Erbfolgekrieg

Der Sonnenkönig Ludwig XIV ließ zum Ende des 17. Zeitalters ganze Ortschaften in Heidelberg zerstören. Bis heute steht es als Symbol, weil es am 2. März 1689 von Franzosen in Brand gesetzt wurde. Pfalzgraf Karl II. verstarb kinderlos, allerdings hatte er eine Schwester und diese hat Phillip Wilhelm, den Bruder von Ludwig XIV., geheiratet. Somit hatten Ludwig XIV. und Phillip Wilhelm ein Anrecht auf das Erbe. Dieser pfälzische Erbfolgekrieg ging in die Geschichte ein. Ludwig beschloss, die Pfalz in kleinen Schritten zu erobern, und wollte sie durch Festungen sichern. Dieser Konflikt entpuppte sich als europaweiter Krieg.

Am 24. Oktober 1688 marschierte eine französische Armee in Heidelberg ein und verwüstete Teile der Stadt, am 2. März 1689, beim Verlassen der Stadt, steckten die Franzosen die ganze Stadt in Brand. Nach dem Einzug des Kurfürsten stellte er die Stadt wieder her.

Am 18. Mai 1693 schlugen die Franzosen erneut zu und nahmen am 22. Mai die Stadt ein. Daraufhin sprengten sie mit Minen die Gemäuer des Prachtbaus, das so zu den jetzigen Trümmern wurde.

Heidelberg wird Stadt der Romantik

Zum Ende des Jahres 1800 wurde die Stadt von der Zeit der Romantik geprägt. Sie wandelte sich zu einer Art rührseligen Gespürs der Begierde. Sensationen dessen bilden Gemälde von vielen Landschaftsmalern nach, wie z. B. von William Turner. Auch die schreibende Zukunft, wie der Schriftsteller Clemens Brentano, waren angetan. Er schrieb folgendes:

„Und da ich um die Ecke bog,-Ein kühles Lüftchen mir entgegen zog-Der Neckar aus grünen Hallen- Und gibt am Fels ein freudig schallen,-Die Stadt streckt sich den Fluss hinunter,- Mit viel Geräusch und lärmt ganz munter,- Und drüber an grüner Berge Brust,- Ruht groß das Schloss und sieht die Lust."

Im 19 Jahrhundert wurde somit die Stadt am Neckar zum Inbegriff romantischer Stimmung und auch immer beliebter unter Reisenden. Dies führte allerdings nicht zum Erhalt des Schlosses Heidelbergs!

Die Rettung der Residenz

Ausgerechnet ein Franzose, Graf Charles des Graimberg, eilte zur Rettung des Schlosses. Bis 1822 fungierte er als Schlosswächter, gab die Anweisung des „Schlossführers" in Auftrag und verhalf der Ruine zu einem großen Bekanntheitsgrad. Heidelberg wurde im Laufe des 19. Jahrhunderts zum Touristenmagnet.

Mark Twain (1835-1910), ein bekannter amerikanischer Schriftsteller, erkannte schon, dass eben diese Trümmer die Attraktivität des Denkmals ausmachen, denn er schrieb im Buch „Bummel durch Europa" folgendes:

„Um vorteilhaft heraus zu stechen, muss ein Wrack die richtige Position haben, diese hätte nicht gelegener sein können. (…) Die Landschaft versteht es eine Ruine zu drapieren, um den hervorragendsten Effekt zu bewirken.

Diese Ausstrahlung hat das Schloss bis heute aufrechterhalten!

Die Schlossbeleuchtung in der Stadt

Diese Beleuchtung ist eine Veranstaltung, an dem Feuerwerkskörper über dem Schloss und dem Neckar gezündet werden. Diese Veranstaltung erinnert an die Zerstörung der Ruine des Sonnenkönigs Ludwig XIV. im Jahre 1689 und 1693.

Wenn die Beleuchtung des Schlosses verblasst, beginnt der zweite Teil. ***Das Feuerwerk über dem Neckar!*** Kurfürst Friedrich V. ließ 1613 ein Feuerwerk arrangieren, um seine lebhaft verheiratete Gemahlin kultiviert zu empfangen. Dieses Feuerwerk legte den Grundstein für die heutigen Lichtspiele.

Die erste offizielle Schlossbeleuchtung fand im Jahr 1815 statt.

Mark Twain war 1878 bei einer Schlossbeleuchtung dabei und sagte:

"mit faszinierender Schnelligkeit fliegen ein Paar farbenreiche Flugkörper in mitten eines lauten Geheuls aus den finsteren Tiefen der Aussichtstürme des Palasts, zeitgleich bilden sich jene Nuancen des auffallenden Wracks gegen den Berg ab. Immer wieder flogen aus den Mauern kräftige Blöcke von Feuerwerkskörpern in die Dunkelheit und das Firmament erleuchtet im Licht greller Pfeile, die in den Höhepunkt rauschen, kurz verweilen und sich dann anmutig nach unten neigen, um in einen aufrichtigen Brunnen von bunt sprenkelnden Blitzen zu explodieren".

Momentan ist diese Beleuchtung vor allem ein Ansporn, beisammen zu sein, zu genießen und sich faszinieren zu lassen.

Termine der Veranstaltung

Die Schlossbeleuchtung findet am 06. Juni, am 11. Juli und am 05. September 2020 statt. Mehr Infos auf www.heidelberg-marketing.de.

Tipp: Das Neckarufer, der Philosophenweg und die Nepomuk-Terrasse sind die schönsten Orte, um das Spektakel ab 22.15 Uhr zu bewundern.

KÖNIGSTUHL ☼

Der kleine Odenwald

Im Stadtgebiet von Heidelberg, im Rhein-Neckar-Kreis bei Baden-Württemberg, 567,8 m über dem Meeresspiegel, ist der Königstuhl Zuhause. Er ist der oberste Berg neben dem kleinen Odenwald und an der Bundesstraße 3, auf der die Bergstraße verläuft. Staatlich bekannt ist der Hügel in erster Linie wegen der auf einem Hang stehenden Residenz und durch die Gondelbahnbahn, die aus der Innenstadt im Neckartal auf seine Felsenregion führt. Der Königstuhl ist eine einzige Wanderoase, man gelangt von dort aus an verschiedene Orte, wie zur Landessternwarte, zum ***botanischen Garten***, zum Märchenparadies vorbei an der Himmelsleiter, die vom

Kornmarkt bis zum Schloss 1600 Stufen zählt, zum bekannte *Felsenmeer* und zur Falknerei Tinnunculus. Auf dem Berg liegen 2 von 3 Naturschutzgebiete, darunter das Felsenmeer, der Russenstein und der Naturpark Michelsbrunnen. Auf dem Königstuhl herrscht eine spektakuläre Aussicht im Einklang mit der Natur. Für alle Naturliebhaber ist dies ein Spektakel im Zusammenspiel mit einer atemberaubenden Landschaft.

Das Arboretum im Stadtteil Neuenheim

Dieser Garten ruht am nördlichen Ufer des Neckars. Er wurde 1593 eröffnet und ist der drittälteste pflanzenkundige Garten Deutschlands. Im Laufe der Geschichte wurde der Garten 7-mal verlegt. 1708 wurde der Garten durch den Erbfolgekrieg in der Geschichte neu angelegt und bildet so den Grundstein für die weitere Fortbildung. Der jetzige siebte Garten wurde 1915 errichtet und eröffnet, durch Bombenanschläge nahmen die Pflanzenbestände des Gartens allerdings kurz vor Beendigung des Zweiten Weltkriegs erheblich ab. Erst zwischen 1960 und 1982 erhielt der Botanische Garten seine derzeitigen, nährstoffreichen Pflanzenarten. Das Herzstück des Gartens bilden unter anderem:

- ♥ neotropische Orchideen
- ♥ Bromelien, auch bekannt als Ananasgewächs
- ♥ Insektivoren

und viele mehr.

Dieser Garten bleibt ein unvergessliches Erlebnis. Man sollte ihn auf keinen Fall verpasst haben.

Die Felsenmeer-Sage auf dem Königstuhl

Vor einer Ewigkeit sollen im Lautertal zwei Giganten existiert haben – der eine auf dem einen Berg, der andere auf dem anderen Berg. Eines Tages brach ein Streit aus und die beiden Riesen fingen an, sich mit Felsbrocken zu bewerfen. Der erste Gigant vom Hohenstein, auch Steinbeißer genannt, war im Vorteil, denn er hatte viel mehr Gestein zum Werfen, somit wurde der zweite Gigant vom Felsberg, auch Felshocker genannt, unter einem „Meer von Felsen" begraben. Angeblich hört man den Felshocker noch gelegentlich darunter brüllen – So entwickelte sich dieser Fleck, der als „Felsenmeer" bekannt ist.

Selbstverständlich ist dies nur ein Mythos, allerdings gibt es bei den Ortsteilen Reichenbach und Beedenkirchen wirklich ein Ozean von Felsbrocken im Mittelgebirge. Die tatsächliche Beschaffenheit hängt mit der Erdwissenschaft und der Natur zusammen und ging nicht etwa aus einem Konflikt zweier Riesen hervor!

KORNMARKT

Die Vergangenheit

Auf dem Marktplatz stand ab dem Jahre 1300 das Heilig-Geist-Spital. Bis heute erkennt man die Umrisse durch die Pflasterung der ehemaligen Kapelle auf dem Platz. Im Jahre 1557 wurden die Gebäude auf Anstoß des Gemeinderats niedergerissen, um daraus einen Milch- und Krautmarkt zu errichten. Zunächst wurde die Bezeichnung neuer Markt verwendet, später im 17. Jahrhundert wurde es dann der Kornmarkt.

Gegenwart und Zukunft

Nördlich der heutigen Brunnenanlage auf dem Marktplatz befindet sich das Amtsgebäude, an der südöstlichen Seite die Residenz Graimberg und an der Westecke das kommunale Verwaltungsgebäude Palast Prinz Carl, dessen Vorreiter ein Hotel der Luxusklasse war. Im Herz des Platzes steht die im Jahre 1718 gefertigte Säule mit genau drei Brunnenschalen, die sogenannte **Kornmarkt-Madonna**. Vom Kornmarkt aus gelangt man wunderbar in alle Richtungen – Alte Brücke, Altstadt und südlich des Marktplatzes beginnt der Burgweg, der zum Schloss führt.

Die Kornmarkt-Madonna

Die entstandene Statue auf einem Unterbau im Zentrum des Marktplatzes wurde aus glaubensstarken Diskussionen zwischen der generellen Umformung der Bevölkerung in der Stadt positioniert. Die Statue steht in der Überlieferung der signifikant katholischen Kunstfiguren und ist als Handlung gegnerischer Hetze zu deuten, die vor allem von den Regularlerikern in Gang gesetzt wurde.

Die Kornmarkt-Madonna zeigt die Mutter Gottes mit edlem Strahlenkranz, Sternenkrone und Lilienstab. Sie transportiert das Christkind zur Linken und stabilisiert es mit der rechten Seite. Maria steht auf einer ebenfalls veredelten und von einer Drachenschlange umzingelten Weltkugel, die von vier kleinen, nackten Knaben auf einer Wolkenform gestützt wird, obwohl die Wolkendecke von goldenen Lichtscheinen durchbrochen ist. Das Kind auf Marias Arm hat zur Rechten die Hand zu einer Segensgeste erhoben, mit der linken Hand bohrt es einen Speer in das Haupt der Drachenschlange. Man nennt diese Darstellung auch „Maria vom Siege".

So sollte in Heidelberg der Krieg gegen die Drachenschlange als Schlacht entgegen des reformierten „Irrglaubens" thematisiert werden. Der Schimmer-Kranz, bestehend aus zwölf Sternen, und die Lilie verweisen auf die reine Begattung Mariens. Krone und Stab symbolisieren die Mutter Gottes als Himmelskönigin, das Zerquetschen der Schlange und die Mondhälfte zu Marias Füßen sind Anspielungen auf das Frauenbild des Unglücks. Die Knaben in den Wolken stehen für den Feiertag Mariä Himmelfahrt, die Lichtstrahlen in dem Wolkengebilde für die Gütigkeit, die Maria der Welt gestattet.

NON STATUAM AUT SAXUM SED QUAM DESIGNAT HONORA

NOCH STEIN NOCH BILD NOCH SÄULE HIER DAS KIND UND MUTTER EHREN WIR

ALTE BRÜCKE ☼

Mit zweihundert Jahren ist die am Ende des 18. Jahrhunderts ausgebaute Brücke noch am Anfang ihrer Tage. Ihren internen Namen bekam die Brücke, nachdem 1788 mit der westlichen Friedensbrücke (Theodor-Heuss-Brücke) eine weitere Flussüberquerung gebaut wurde. Im Kalenderjahr 1300 erstreckten sich acht Vorgängerbrücken an der Position der derzeitigen Alten Brücke, auf deren *Grundstein die jetzige Brücke errichtet wurde. Auch das Durchgangstor der Brücke am südlichen Ende besteht seit dem Abschluss der Antike und dem Anbruch der Neuzeit.* Die Karl-Theodor-Brücke, namhaft als „Alte Brücke", ist das Bindeglied zwischen der Stadtmitte und dem gegenüberliegenden Stadtteil Neuenheim. Am Anfang der Brücke findet man das Karl-Theodor-Denkmal und am Ende das Minerva-Denkmal. Am Südufer befindet sich der Brückenaffe, der die Grundlage der Selbstreflektion darstellt, indem der Zuschauer einen bildlich zu deutenden Spiegel vorgehalten bekommt. Das Spottgedicht in der Nähe des Affen sagt folgendes:

> *„Was thustu mich hie angaffen?*
> *Hastu nicht gesehen den alten Affen*
> *Zu Heydelberg/sich dich hin und her*
> *Da findestu wol meines gleichen*
> *mehr."*
> Martin Zeller von 1632

Streift der Teilnehmer über die reflektierende Glas-
fläche, so bewirkt dies Reichtum. Wenn der Besucher über die gestreckten Finger der Pfote streift, be-
reist er Heidelberg erneut. Und das Streichen über
die Nagetiere bedeutet viele Nachkommen.

Unterhalb der Nepomuk-Terrasse, an der Nordseite der Alten Brücke, befindet sich der mächtige
Sandstein, auch bekannt unter dem Namen **„Liebesstein"**, an dem jung Verliebte ihre ewige Liebe besiegeln können, indem sie ein Liebesschloss an den
Sandstein anbringen.

PHILOSOPHENWEG ☼

Hauptquelle des Namens

Seinen Namen erhält diese Strecke durch die Hochschüler der Universitätsstadt, die den Pfad schon früh als perfekten Platz für idealistische Spaziergänge und ruhige Zweisamkeit genutzt haben. Die Gebräuche der Begriffe Schüler und Gelehrter gehen aus Zeiten hervor, in denen sich Schüler am Beginn der Fachausbildung in Philosophie die vermeintlich sieben unabhängigen Künste - aneignen mussten. Diese so besagten sieben freien Künste sind:

- ✓ Grammatik
- ✓ Rhetorik
- ✓ Dialektik
- ✓ Arithmetik
- ✓ Geometrie
- ✓ Musik
- ✓ Astronomie

Prozess des Weges

Der „Philosophenweg" beträgt eine Länge von circa zwei Kilometern, vor allem am Anfang ist es ein sehr steiler Weg, der vom Ortsteil Neuenheim auf den

„Heiligenberg" führt. Zudem verbindet der Schlangenweg mit seinen knapp 500 Metern den „Philosophenweg". Der Fußweg war früher ein Rebberg-Pfad, heute existieren dort außergewöhnliche Biotopen und eine seltene Obstbaumart, die sich „Mispelbaum" nennt, deren Art zu den Kernobstgewächsen gehört. Auf dem Weg gelangt man auch zum bekannten Philosophengärtchen. Auf dieser Klimainsel gedeihen die verschiedensten Exotenarten, wie die japanische Wollmister, die amerikanische Zypresse, Rutensträucher, portugiesisches Rosengewächs, Zitrusfrüchte und Grenadinen-Früchte, Riesengräser, Holzgewächse und Pinien. In dem Gärtchen blüht alles Wochen früher als im Tal! An diesem Ort, dessen mildes Klima und Vegetation an die Toskana erinnert, lässt Sie der Heidelberger „Dreiklang" vom Stadtkern aus Gewässer und Gipfel in voller Pracht genießen. Man findet hier an fast jeder Kurve eine rondellartig gemauerte Sitzecke: Ein schöner Aussichtspunkt für alle Genießer unter euch. Dieses Spektakel dürfen Sie nicht verpassen!

HEIDELBERGER ALTSTADT ✿

Gründung

Die Innenstadt ist auf eine ordnungsmäßige Stadtgründung zurück zu führen, man ging davon aus, dass die Gründung zum Wormser Zeitalter zwischen 1170-1180 erfolgte. Allerdings belegen frühere Bilanzen, dass das Heidelberger Zentrum zu Anfang des Wittelsbacher Zeitraums um 1220 entstanden ist.

Pulsierende Herzmitte der historischen Altstadt

Etwa 1380 Hektar umfasst die Altstadt, darunter sind nur 9,8 % bebaut. Der Stadtteil ist vom Waldland des Königstuhls, der mit 564 Metern einer der mächtigsten Hügel des Odenwalds darstellt, umgeben.

Der antiquierte Stadtbauplan mit schmalen Straßen und prunkvollen Altbauten, der angepasste Hangvorsprung am Königstuhl und das über dem Stadtkern thronende Heidelberger Herrschaftshaus sowie die historischen Denkmäler locken viele Touristen und auch die Einwohner an. Die Hauptstraße ist die wichtigste Einkaufsstraße der Stadt und bietet zwanglose Cafés, verschiedene Einkaufsmöglichkeiten und traditionelle Restaurants.

Empfehlungen für die Heidelberger Altstadt:

„Vierling Store"

Dieser Store hat alles, was ein Einrichtungsherz begehrt. Von der Badezimmer-Einrichtung über das Wohnzimmer bis hin zu Kücheneinrichtungen ist für jeden etwas dabei. Die Produkte sind fair gehandelt und aus innovativen Materialien. Es werden nur handgemachte Dinge aus der Region verkauft. Alles, was Sie sonst noch wissen möchten, erfahren Sie auf www.vierling.eu

| Theaterstraße 16, 69117 Heidelberg | ☎ 06221 / 7 25 25 47

„Wortreich"

Dieser kleine, engagierte und in der Weststadt gelegene Buchladen wird ein unglaubliches Erlebnis für alle Bücherwürmer unter euch sein. Besuchen Sie diesen überschaubaren Buchladen bei Ihrem nächsten Städtetrip und lassen Sie sich von den vielen Eindrücken verzaubern. Auf www.wortreich-hd.buchkatalog.de können Sie sich selbst davon überzeugen.

| Blumenstraße 25, 69115 Heidelberg | ☎ 06221 / 18 96 44

„Coffee Nerd"
In diesem Café können Sie Ihre Seele so richtig baumeln lassen. Bestellen Sie sich einen köstlichen Kaffee und nutzen Sie entweder die Außen-Terrasse oder begeben Sie sich in die zweite Etage, dort erleben Sie Entspannung pur. Diese Etage ist mit Sesseln ausgestattet, in denen Sie in Ruhe lesen können. Zur Krönung dieser Ruheoase müssen Sie einen Pastels de Nata probieren. Dieses Blätterteigtörtchen mit Puddingfüllung wird Ihnen die Sprache verschlagen. | Rohrbachstraße 9, 69115 Heidelberg | www.coffeenerd.de

„Unter Freunden"
Hier gibt es sagenhafte Pizzen mit den verschiedensten Toppings. Was die Pizzeria allerdings von den anderen abhebt, ist, dass man die Pizza nach Gewicht bezahlt. 100 g je nach Stück kosten etwa zwischen 1,20 Euro und 2,10 Euro. Dieses legendäre Erlebnis sollten Sie auf keinen Fall verpassen. | Märzgasse 2, 69117 Heidelberg | ☎ 06221 / 7 25 81 05

AUßERHALB VON HEIDEBERG

Barockschloss Mannheim

Das Schloss wurde 1606 gegründet und gehört zu den größten Schlössern Europas. Die erste Zerstörung erlitt auch diese Residenz beim pfälzischen Erbfolgekrieg. Im Jahre 1720 wurde der Palast im Barockstil fertig gestellt und später ausgebaut, im Inneren wurde der prachtvolle Stil vom Klassizismus abgelöst und somit erhob sich aus Kunst und Wissenschaft der europäische Hof vieler bedeutender Künstler von Kurfürst Carl Theodor. Ende des 18. Jahrhunderts siedelt der Kurfürst nach München über, da er das Kurfürstentum Bayern erbte. Als Übergang von 1806 bis 1811 lebten Carl von Baden und Stèphanie de Beauharnais als Erbgroßherzogspaar in der Residenz von Mannheim, nur sieben Jahre später wurde das Schloss im Empire-Stil modernisiert. Seine zweite Blüte erlebt das Herrschaftshaus dank der Privatgesellschaft von Großherzoginwitwe Stèphanie. 1918 wechselte die Residenz seinen Besitzer und wurde im Zweiten Weltkrieg komplett zerstört, nach dem Krieg aber rekonstruiert. Bei der Wiederherstellung tauchten wertvolle Objekte, die zur Ausstattung des Schlosses gehörten, wieder auf. Heute wird das Schloss als Museum und für Veranstaltungen genutzt. Termine und Eintrittspreise finden Sie auf www. schloss-mannheim.de | Bismarckstraße, 68161 Mannheim | ☎ 06221 / 2 92 28 91 | E-Mail: info@schloss-mannheim.de

Kunsthalle Mannheim

Im 19. Jahrhundert wurde die Halle gegründet. Sie verspricht seitdem das Motto „Kunst für jedermann". Es reicht von der Weimarer Republik über die NS-Zeit bis hin zum 21. Jahrhundert. 2018 wurde eine weitere Kultureinrichtung eröffnet, das war nur dank Spenden, mitunter von Mitbegründern von SAP, möglich. Die Kunsthalle ist ein Arsenal von ständiger Bewegung, allerdings bleibt die Frage der Relevanz von Kunst zur heutigen Zeit offen. Der MVV-Kunstabend findet jeden ersten Mittwoch eines Monats statt von 18-22 Uhr und der Eintritt ist für Sie kostenfrei. Die Kunstsammlung hat von Di. bis So. und an Feiertagen von 10-18 Uhr, mittwochs sogar 2 Stunden länger geöffnet. Alles rund um die Preise und der Verlauf der Geschichte erfahren Sie auf www.kuma.art | 68165 Mannheim, Friedrichplatz 4 | ☎ 0621 / 2 93 64 23 | E-Mail: info@kuma.art

Heidelberger Zoo

Dieser Natur- und Artenschutz-Tiergarten ist mehr als nur ein einfacher Zoo, er ist der größte zoologische Garten in der Metropolregion. Hier erleben Sie Tiere hautnah, sogar Elefanten beim Baden kann man beobachten. Insgesamt sind 1726 Tiere vertreten, darunter Säugetiere, Vögel, Reptilien, Krebse und Amphibien. Zudem gibt es vereinzelte Ausstellungen, die bei Themen von Naturwissenschaft und Technik zum Mitmachen anregen. Der Zoo bietet sogar einzigartige Abendführungen, um außerhalb des Tumults die Tiere in Ruhe zu betrachten. An verschiedenen Events kann man ebenfalls teilnehmen, die Shona-Art, also das Bildhauen, ist ganzjährlich vertreten. Wie Sie sehen, ist der Tierpark eher ein Erlebnispark für die ganze Familie und setzt Spaß & Freude voraus. Alles, was für Sie sonst noch wichtig ist, können Sie auf www.zoo-heidelberg.de nachlesen. | Tiergartenstraße 3, 69120 Heidelberg | ☏ 06221 / 64 55-0 | E-Mail: info@zoo-heidelberg.de

SPARTIPPS FÜR HEIDELBERG

✓ Anreise nach Heidelberg mit dem **FlixBus**, die Kosten von Mainz nach Heidelberg betragen 10 Euro pro Kopf inkl. Hin- und Rückreise. | Tel. 030 / 3 00 13 73 00 | service@flixbus.de

✓ Für den Besuch des **Studentenkarzer** mit der **Alten Aula** und dem **Museum** zahlen Sie nur 3 Euro pro Person. | Augustinergasse 24, 69117 Heidelberg | Tel. 06221 / 54-12 81 3 | unishop@uni-heidelberg.de

✓ **Hostel Lotte** bietet mit acht Gästezimmern im retro-modernen Look genug Platz für alle, es ist eines der ältesten Gebäude unterhalb der Residenz. Die Preise belaufen sich auf 23 bis maximal 32 Euro pro Person. Geeignet ist das Hostel für kleine Gruppen bis 6 Personen, aber auch für Paare oder Alleinreisende! | 69117 Heidelberg, Burgweg 3| Tel. 06221 / 7 35 07 25 | info@lotte-heidelberg.de | www.lotte-heidelberg.de

✓ Günstige bis kostenlose **Parkmöglichkeiten**: kostenlos parken können Sie auf dem Neuen Messeplatz bei Kirchheim, im südlichen Teil Heidelbergs oder im Neuenheimer Feld. Ansonsten sind überall in der Stadt Parkhäuser zu finden. Sie zahlen für 3 Std. nicht mehr als 4 Euro. |

✓ **Heidelberg Card**. Mit ihr können Sie Ihren Trip organisieren und bei den meisten Attraktionen in Heidelberg ermäßigten Eintritt erhalten.

Essen & Trinken

KROKODIL €-€€

Im Traditionshaus Krokodil wir Ihnen deutsche, hausgemachte Küche mit feinen Akzenten geboten. Das Restaurant bietet verschiedene Suppen, vielfältige Salate und einzigartige vegetarische Gerichte. Beim Mittagstisch kosten viele Gerichte sensationelle 8,50 Euro. Das Krokodil ist nicht nur ein Restaurant, nein, das Restaurant befindet sich im Hotel Krokodil.

Mehr zum Hotel und Restaurant Krokodil finden Sie auf www.restaurant-krokodil.de | Kleinschmidtstraße 12, 69115 Heidelberg | ☎ 06221 / 1 73 92 97 77

RAJARANI €-€€

Wenn Sie gerne indische Spezialitäten mögen, sollten Sie dieses Restaurant auf Ihre To-Do-Liste schreiben, denn das Motto hier lautet: "Kulinarische Reise durch Indien". Ob Sie nun typisch indisch gewürzte Gerichte mit zartem Hühnerfleisch oder Fisch essen wollen, es wird ebenso hochwertig zubereitet wie Vegetarisches. Neben der festen Speisekarte hat dieses Restaurant auch regelmäßig wechselnde Angebote.

Sollte ein Gericht nach Ihrem Wunsch nicht auf der Karte stehen, scheuen Sie sich nicht, zu fragen, es wird sich die beste Mühe gegeben, Ihnen diesen Wunsch zu erfüllen. Die Gewürze hier kommen eigenständig aus Indien, unter www.rajarani.de finden Sie alle wichtigen Informationen. | Friedrichstraße 15, 69117 Heidelberg | ☎ 06221 / 6 53 08 93 | E-Mail: info@rajarani.de

RED DIE GRÜNE KÜCHE €

Das unvergleichlich vegetarische Restaurant **red**. Nicht nur, dass Sie sich Ihr Essen auch vegan zubereiten können, nein, Sie stellen sich Ihr Essen sogar selbst zusammen wie es Ihnen gefällt und schmeckt. Wenn Sie das Bedürfnis verspüren, dem Koch/der Köchin beim Zubereiten zu sehen zu wollen, rät das **red** Ihnen zur „heißen Pfanne". Hierbei handelt es sich um ein

täglich wechselndes Gericht, bei dem Sie beim Zubereiten dabei sind. Die stilvoll eingerichtete Website finden Sie unter www.red-diegruenekueche.com | 69115 Heidelberg, Poststraße 42 | ☎ 06221 / 9 14 52 06 | Reservierungen: www.opentable.de

GOLDENER ANKER €€-€€€

In diesem spanischen Restaurant erleben Sie Gemüt-
lichkeit, Lebensfreude, Behaglichkeit und Gastfreundschaft in einer neuen Dimension. Unter
freiem Himmel auf dem Sonnendeck sitzen Sie in
greifbarer Nähe des Neckarufers. Das heutige dort
stehende Bauwerk ist im unveränderten Zustand
aus dem Jahre 1767. Lassen Sie sich den goldenen
Anker nicht entgehen und überzeugen Sie sich
selbst. Wenn Sie mehr erfahren wollen, schauen Sie
auf www.goldener-anker-hd.de vorbei, denn dort
gibt es viel zu erkunden. | 69117 Heidelberg, Untere
Neckarstraße 52 | ☎ 06221 / 16 74 44 |E-Mail:
mail@goldener-anker-hd.de

GELATO GO €-€€

Das Motto in dieser Bio-Eisdiele lautet: „Frisch ist das neue Süß". Sie bietet täglich über 100 Sorten und 32 Variationen an. Schoko-Chili, Pannacotta und Cookie Karamell sind nur ein paar wenige der verschiedenen Eissorten. Der Höhepunkt dieser Attraktion ist, dass das Eis vor den Kunden zubereitet wird, denn die Inhaber haben sich den Slogan „Das Auge isst mit" zunutze gemacht. Mehr dazu finden Sie auf www.gelatogo.de | Hauptstraße 100, 69117 Heidelberg

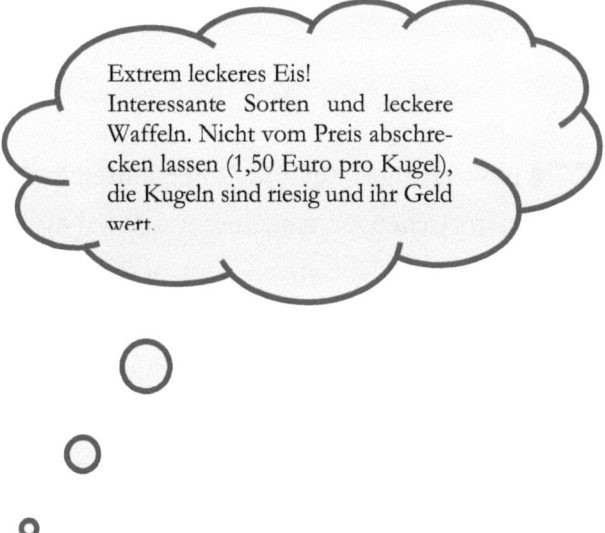

Extrem leckeres Eis!
Interessante Sorten und leckere Waffeln. Nicht vom Preis abschrecken lassen (1,50 Euro pro Kugel), die Kugeln sind riesig und ihr Geld wert.

Hotels von preiswert bis deluxe

WEISSER BOCK €€

Ein vielseitiges Komfort-Hotel, mitten in der historischen Altstadt. Ausgestattet ist dieses Hotel mit lebendigen und authentischen Zimmern. Im Sommer können Sie das mediterrane Ambiente auf der Terrasse im Restaurant genießen. Was das Hotel so besonders macht, fragen Sie? Nun, es befindet sich in zentraler City-Lage, das heißt, Sie stehen unmittelbar in Reichweite der Heidelberger Destinationen. Alles, was Sie sonst noch wissen

möchten, erfahren Sie auf www.weisserbock.de |
Große Mantelgasse 24, 69117 Heidelberg | ☎ 06221
/ 9 00 00 | E-Mail: info@weisserbock.de

HOTEL GOLDENER FALKE €-€€

Ein familiengeführtes Hotel, das in seiner Geschichte
weit zurückreicht. Selbst die Initialen des damaligen
Käufers Johan Gannsenmüller sind über dem Hote-
leingang noch zu sehen. Das Gebäude befindet sich
direkt am Marktplatz und bietet eine wundervolle
Aussicht aus den verschiedenen Zimmern. Mehr Infos zur Geschichte und zu den Events erhalten Sie auf
www.goldener-falke-heidelberg.de | Am Marktplatz
| Hauptstraße 204, 69117 Heidelberg | ☎ 06221 / 1
43 30

Das Hotel verfügt über 22 Zimmer:
Einzel-, Doppel- und auch Dreibett-
zimmer. Ausgestattet sind diese jeweils
mit TV, Telefon und kostenlosem
WLAN, Mini-Bar und Föhn.

CROWN PLAZA HOTEL €€€

Sie möchten sich wie eine Prinzessin/Königin fühlen? Dann sind Sie hier genau richtig, im internationalen, mehrsprachigen 4-Sterne-Hotel in der Altstadt. Viele Fernbusse, wie etwa der Frankfurt-Airport-Shuttle, bieten Fahrten zum Crown Plaza an. Mehr dazu auf www.frankfurt-airport-shuttle.de. Haustiere sind gegen Aufpreis erlaubt. Zudem bietet das Hotel eine Kinderbetreuung. Wenn das nicht genug ist, dann dürfen Sie den Wellness- und Fitness-Bereich nicht vergessen. In diesem

Märchenschloss werden Träume wahr. Lassen Sie sich das nicht entgehen! Das und vieles mehr erleben Sie auf der Homepage www.ihg.de | Kurfürstenanlage 1-3, 69115 Heidelberg | ☎ 06221 / 91 70 | E-Mail: heidelberg@HBBGE.CrownPlaza.com

> Dieses Hotel nutzt ein innovatives Online-System für ökologisch nachhaltiges Hotelmanagement.

IBIS HOTEL €

Das lebendige und preiswerte 2-Sterne-Hotel unmittelbar am Heidelberger Hauptbahnhof. Ihre Haustiere sind gegen Aufpreis herzlich willkommen! Trotz der wenigen Sterne hat das Hotel alles zu bieten, was der Mensch so braucht, von kostenlosem WLAN über kostenfreie Parkplätze bis hin zu klimatisierten Zimmern. Also, wenn Sie die 2 Sterne nicht abschrecken, sollten Sie dieses Resort auf jeden Fall nutzen. Alles, was Sie sonst noch wissen müssen, finden Sie auf www.all.accor.com |Willy-Brandt-Platz 3, 69115 Heidelberg | ☎ 06221 / 91 30

HOTEL ZUM RITTER ST.GEORG €€-€€€

Pure Nostalgie erleben Sie nur hier!
Traditionelle Gastfreundschaft wird hier vorausgesetzt. Dieses Gebäude blieb bei allen Kriegen und Kämpfen verschont, das mach es so besonders. Die Einzigartigkeit der steinernen Renaissance-Fassade beeindruckt heute noch die Menschen. Der Ritter wurde 2017 425 Jahre alt, so lange lebt dieses Gebäude schon, und das mit Stolz. Auch hier dürfen Sie

gegen Aufpreis Ihre Vierbeiner mitbringen. Alles rund ums Hotel und dessen Geschichte können Sie auf der Internetseite: www.hotel-ritter-heidelberg.com nachlesen. Vergessen Sie dabei das Renaissance-Jubiläum nicht, dazu wurde extra ein PDF-Flyer zusammengestellt. | Hauptstraße 178, 69117 Heidelberg | ☎ 06221 / 70 50 50 | info@hotel-ritter-heidelberg.com

Die Fassade ziert 3 lateinische Inschriften:
1. „Se Jehova non aedificet domum. Frusta laborant aedificantes eam"
Wo der Herr nicht das Haus baut, arbeiten umsonst, die daran bauen.
2. „Persta invicta Venus"
Bleibe stehts unbesiegt, Schönheit.
3. „Soli deo Gloria"
Gott allein die Ehre

ERHOLUNG

THINGSTÄTTE ✿

Die „Thingstätte" stand in der Zeit des Nationalsozialismus irrtümlich nach dem Idol traditionell griechischer Podien – als Thingstätte errichtete Tribüne auf dem „Heiligenberg". Die Basis für die „Thingstätte" gründete sich im Jahre 1934 und 1935 wurde sie unter dem originellen Namen „Feierstätte Heiligenberg" von Demagogie-Minister Goebbels bekannt gegeben. In den wichtigsten Jahren nach der Machtübernahme der Faschisten und als Beitrag der nationalsozialistischen Hetze bildete sich die Großbewegung der Thing heraus. Ihre Absicht war es, „... aus dem Gemeinschaftserlebnis heraus den neuen deutschen

Menschen nach dem Willen des Führers zu formen und zu schaffen". Die NS-Mentalität wird in Bezug auf der von ihrer intendierten Nation in deren Thematik oft als „Glaube" fungiert und diese Stätte als ein Ort der Anbetung sowie Durchführung jener Überzeugung. Thingstätten wurden im Führerstaat zur zeitgemäßen deutschen Geschöpfe erschaffen, die dort durch spielerische und kreative Eigenart transportiert werden sollten. Bis 2018 wurden die Thingstätten im Wesentlichen für interne Hexenfeiern verwendet. Heute ist die Anlage ein geschütztes Kulturdenkmal.

Goebbels Ansprache:

„In diesen eindrucksvollen Bau haben wir unserem Stil und unserem Weltbild einen greifbaren, formbaren und einzigartigen Ausdruck verliehen.(…) Die Stätten sind in Wahrheit die Parlamente unserer Epoche.(…) Es wird einmal die Zeit kommen, in der die deutsche Bevölkerung zu diesen steinernen Schauplätzen wandelt, um sich auf ihnen in rituellen Aufführungen zu ihrem unvergesslichen neuen Leben zu offenbaren."

Erlebnistouren

NIBELUNGENSTEIG ☼

Eine sagenhafte Wanderung durch den Odenwald!
Der Nibelungensteig ist ein 130 Kilometer langer Wanderweg im Odenwald – in Hessen, Bayern und Baden-Württemberg. Er führt über naturbelassene Pfade vorbei an den Spuren von Rittern und Riesen, atemberaubenden Landschaften und erstaunlichen Naturdenkmälern.

Nun möchte ich Ihnen das berühmte Märchen „Siegfried der Drachentöter" nicht vorenthalten…

Siegfried der Bestien-Töter
Es ist die Erzählung des Glückes und Verderbens der Prinzessin Kriemhild. Ihre drei Brüder Gunter, Gernot und Giselher regieren als Monarchen der

Burgunder über das Imperium am Rhein. Ihr unerlässlicher Berater ist der berüchtigte Hagen. Eines Tages taucht dort der Königssohn aus dem überschaubaren Staat von Xanten auf, ein Krieger, der von Kriemhilds Attraktivität erfahren hat und sie zur Frau nehmen will. Hagen hat schon vieles über den Ritter gehört und berichtet dem monarchischen Herrn in Aufruhr von dessen Handlungen.

Siegfried habe die Erben des Herrschers Nibelungen mit seiner mystischen Stichwaffe „Balmung" zu Fall gebracht und deren wertvollen Besitz gestohlen sowie dem Wicht, der das Vermögen behütete, einen verborgenen Tarnumhang gestohlen, der überwältigende Energie beschert. Außerdem habe der Königssohn einen Drachen getötet und soll im Blut des Tieres gebadet haben, was sein Äußeres unverletzlich macht.

Trotz allem wurde Siegfried in Worms gastfreundlich aufgenommen. Doch bevor er die Königstochter heiraten kann, soll er dem Bruder von Kriemhild, bei einem Test zur Seite stehen. Die beiden reisen in ein entferntes Land, in dem Brünhild regiert – eine Herrscherin mit außergewöhnlichen Fähigkeiten, solange sie unberührt bleibt. Der

Bruder beabsichtigt, sie zur Frau zu nehmen und muss mit der Regentin kämpfen. Er siegt nur, weil ihm der Bestien-Töter, unbemerkbar dank des Umhangs, hilft, die Unbesiegbare Brünhild zu besiegen. Mit der Herrscherin von Island reisen die beiden Sieger zurück nach Hause. Die Königin muss den Bruder, der sie bezwungen hat, heiraten. Am gleichen Tag nimmt der Königssohn von Xanten Kriemhild zur Frau. Anschließend hilft er seinem Schwager in der Nacht erneut: Verborgen mithilfe des Umhangs, überwältigt er die Isländerin im Schlafzimmer des Monarchen, sodass Siegfrieds Schwager der Königin die Unschuld rauben kann. Eine Dekade später gesteht die Frau vom Königssohn in einer Diskussion mit Brünhild, dass ihr Bruder sie nur gewonnen hat, weil Siegfried dank seiner Unsichtbarkeit geholfen hat. Die gekränkte Königin erzwingt von Gunther Siegfrieds tot. Hagen meldet sich auch zu Wort und rät ebenfalls zum Mord: Lange Zeit schon misstraut er der Kraft des Bestien-Töters und dem Reich des Nibelungenhortes. Durch Tricks erfährt der Berater die verletzbare Stelle seines Feindes, denn als der Mann von Kriemhild im Drachenblut schwamm, platzierte sich ein Lindenblatt in die Mitte der beiden Schultern. Bei der Pirsch sticht der gefährliche Berater seine Lanze in das Lindenblatt und tötet seinen Gegner. Die Leiche deponiert er vor Kriemhilds Schlafraum und wirft später den verfluchten Schatz in den Fluss. 13 Jahre später will der mächtige Hunnenkönig Etzel Kriemhild heiraten. Auch hier meldet sich Hagen zu Wort und ist dagegen, allerdings lässt er Kriemhild gehen. Im Laufe der Jahre lädt Kriemhild ihre Brüder und Hagen auf den Hunnenhof ein. Erneut warnt der Berater ohne Erfolg, der ein Hinterhalt vermutet. Und tatsächlich flammt ein tödlicher Streit auf. Die Burgunder fechten gegen die mächtigen Hunnen und deren Gefolgsleute – unter anderem Dietrich von Bern. In dem Blutbad gehen fast alle unter, außer zwei:

Gunther und Hagen. Kriemhild veranlasst voller Wut die Köpfung ihres Bruders, den Berater erschlägt sie selbst – entsetzt von dessen Tat, tötet wiederum der Waffenhersteller von Dietrich die Prinzessin. Alle Burgunder sind geschlagen, die Frau vom Hunnenkönig ist tot und der verfluchte Reichtum für immer im Fluss verschollen...

Dieser Steig eignet sich wunderbar für lange Wanderwege. Es gibt verschiedene Routen, die man sich zuvor aussuchen kann, viele Hotels bieten das mit Übernachtungen an. Also, falls Sie einmal so richtig entspannen und sich gleichzeitig auspowern wollen, bietet sich der Nibelungensteig dazu perfekt an. Mehr zu den Routen finden Sie auf www.nibelungen-land.net.

SCHLOSSGARTEN ✿

Viele frühere Zeitgenossen sahen den Garten als „achtes Weltwunder". Im 18. Jahrhundert wurde er als Gemüsegarten verwendet, im folgenden Jahrhundert pflanzte man botanische Raritäten. Im Stil eines englischen Landschaftsgartens wuchsen immergrüne Eichen, Libanonzedern und Ginkgo-Bäume. Wer heute durch den Garten spaziert, wird zahlreiche faszinierende Spuren aus vergangener Zeit entdecken. Säulenreste lassen auf ein Gartenkabinett des Renaissance-Gartens hindeuten. Der Schlossgarten ist frei zugänglich und hat zu jeder Jahreszeit etwas zu bieten. Bis heute hat sich dort eine große Sandsteinskulptur erhalten. Lassen Sie sich selbst von dieser wundervollen Harmonie in diesem Garten verzaubern. | Schloss-Wolfsbrunnen-Weg 18,

69117 Heidelberg | ☎ 06221 / 65 88 80 | www.schloss-heidelberg.de.

VIA NATURAE ☼

Der acht Kilometer lange Schleifenweg bringt dem Wanderer die natürliche Lebensgrundlage des Waldes näher und kann auch auf 3,5 Kilometer verkürzt werden. Der Weg ist ein stetig steigender, steiler Bergpfad, der als Schleife am Königstuhl beginnt, tief in den Schonwald mündet und anschließend am Königstuhl wieder endet. Der Wanderpfadweg ist gut ausgeschildert und Rastplätze gibt es auch reichlich zu finden. Genießen Sie vor allem die schöne Aussicht auf den Pfaden, denn diese ist das eigentliche Highlight der ganzen Wanderung im schönen und einzigartigen Odenwald in Heidelberg. Wenn Sie mehr über die einzelnen Wanderungen wissen wollen, dann statten Sie der Internetseite www.heidelberg.de einen Besuch ab. | ☎ 06221 / 58 - 28 33 3 | E-Mail: natuerlich@heidelberg.de

WALDERLEBNISPFAD ☼

Dieser Pfad ist ein Unterweisungs- und Abenteuer-weg, hauptsächlich spricht dieser Erlebnispfad eher Kinder an, ist aber genauso auch für die Erwachsenen unter Ihnen geeignet. Großartige Erlebnisse warten hier auf Sie. Der Erfindergeist wird angeregt und mit einzelnen Sinnesorganen wie Fühlen, Riechen, Sehen und Hören können Sie die Welt des Waldes entdecken. Sie dürfen auf dem circa zwei Kilometer langen Pfad, der übrigens auf seinem ganzen Weg kinderwagenfreundlich ist, aufmerksam nach versteckten Hinweisen in Form von Geräuschen und Klängen Ausschau halten. Auf dem Pfad kommt man an vielen anderen Wegen vorbei, welche man anschließend auch zum Wandern wählen kann, allerdings gibt es unterschiedlich schwere Grade und darauf sollte man achten, wenn man mit seinen Kindern unterwegs ist. Auch hier gilt: Vergessen Sie bei all dem Wandern die schöne Aussicht um Sie herum nicht. Alles, was Sie sonst noch über diesen verzauberten Flair des Waldes und dessen Pfade wissen sollten, erfahren Sie auf www.heidelberg.de | ☎ 06221 / 58 - 28 33 3 | E-Mail: natuerlich@heidelberg.de

Für regnerischeTage

KÖRPERWELTEN-MUSEUM

Das Körperwelten-Museum ist das ganze Jahr 2020 in Heidelberg unterwegs. Die Anatomie des Menschen Live erleben – auf einer Fläche von 1000 m² im Alten Hallenbad lässt sich der Körper und der Geist verstehen. Zudem gibt es eine kostenfreie Sonderausstellung, die sich „die Grasbeißerbande" nennt. Die komplette Ausstellung besteht aus Plastination, einem Verfahren, das beim menschlichen Verwesungsprozess angewendet wird. Alles, was Sie sonst noch wissen sollten, wie Termine und Preise, erfahren Sie auf www.koerperwelten.de | Altes Hallenbad | Post-straße 36/5 | ☎ 06221 / 1 36 29 20 | E-Mail: heidel-berg@koerperwelten.de

PROGRAMMKINO GLORIA

Gloria & Gloriette ist das angesagte Kino in der Stadt Heidelberg, ein etwas anderes Kino mitten in der Altstadt. Viele Filme laufen ohne Werbung oder man kann sogar seine eigene Werbung produzieren. Dieses Kino ist für alle Nostalgiker unter Ihnen. Überzeugen Sie sich selbst und seien Sie gespannt. Alle Infos unter www.gloria-kamera-kinos.de | Hauptstraße 146, 69117 Heidelberg | ☎ 06221 / 2 53 19

UNIVERSITÄTSBIBLIOTHEK

Diese Universitätsbibliothek ist die älteste Deutschlands. Sie wurde Ende des 14. Jahrhundert erbaut. Sie war in der Geschichte ein wichtiger Bestandteil. Ich kann nur so viel sagen: Die Bibliothek dürfen Sie sich nicht entgehen lassen, sie ist ein Paradies für alle, die Bücher lieben – der Geruch, die individuell gestalteten Einbände und der Anblick in den hohen

Regalen! Die Bibliothek verfügt über einen Bestand von 3,2 Millionen Medien, davon circa 980.000 Bände gedruckter Altbestand mit Erscheinungsjahr bis 1900, rund 6.800 Handschriften und 490.000 Non-Book-Materialien. Detaillierte Informationen auf www.ub.uni-heidelberg.de | Plöck 107-109, 69117 Heidelberg | ☎ 06221 / 54 23 80

STUDENTENKARZER

Der Studentenkarzer wurde 1780 errichtet und ist der letzte in der Geschichte. Das Verlies wurde als Arrestzelle für Studenten der Universität verwendet. Im 16. Jahrhundert gehörten die Haftstrafen für die Studenten zum Alltag und sie verewigten sich in Form von Bildern, Texten oder Portraits auf den Wänden im Karzer. Die anschaulichen bunten Kunstmalereien gehen bis an die Anfänge des 20. Jahrhunderts zurück. Für die Studierenden der Universität war der Kerker, in seinen letzten Jahrzehnten, vielmehr ein Vergnügen als eine eigentliche Strafe. Heute zählt der Studentenkarzer zu den bedeutendsten Sehenswürdigkeiten in der Stadt am Neckar. Der Karzer befindet sich unmittelbar am

Universitätsplatz, dieser wird meist zusammen mit dem Besuch der alten Aula und dem Museum der Universität verbunden. Tipp: Wenn Sie sich die Heidelberg Card holen, bekommen Sie einen ermäßigten Eintrittspreis von 2,50 Euro. Alles, was für Sie sonst noch von Bedeutung ist, erfahren Sie auf der Homepage der Universität unter www.uni-heidelberg.de | Grabengasse 1, 69117 Heidelberg | ☎ 06221 / 54-12 813 | E-Mail: unishop@uni-heidelberg.de

HAUS DER ASTRONOMIE

Im Jahre 1960 war das Thema Astronomie sehr populär. Anfang 1979 gab es Besucher-Ausstellungen im Max-Planck-Institut. 1989 eröffnete die Landessternwarte auf dem Königstuhl, seitdem finden dort die Besucherempfänge statt, selbst Schülerpraktika werden hier angeboten. Als sich durch eine Studie herausstellte, dass sich nicht genügend Leute für die Wissenschaft des Weltraums interessierten, kamen einige Mitarbeiter auf die Idee, es in den Schulunterricht mit einfließen zu lassen, ein Projekt, das an vielen Schulen und auch seit 2010 im Haus der

Astronomie Anwendung gefunden hat. Das Haus der Astronomie wurde 2008 gegründet und hat seit 2011 ein eigenes galaxieförmiges Domizil erhalten. Dort wird jetzt das Projekt Wissenschaft in Schulen fortgesetzt und auch das Projekt Universe Awarness hat hier seinen Platz gefunden. Selbst die im Jahre 2005 gegründete Astronomie-Schule ist hier zu Hause. Alles rund um die Führung und deren Preise erfahren Sie auf www.haus-der-astronomie.de. Die Homepage ist sehr übersichtlich gestaltet, Sie werden alles finden, was Sie wissen müssen. MPIA - Campus | 69117 Heidelberg, Königstuhl 17 | ☎ 06221 / 5 28-16 0 | E-Mail: info@hda-hd.de

Bezaubernde Orte zum Nulltarif

NECKARWIESE ☼

Die Wiese ist eine Grünanlage am Nordufer des Neckars, sie ist mit rund fünf Hektar die größte innerstädtische Grünfläche. Mitten im über ein Kilometer langen Park befindet sich die zentrale Brunnenanlage mit Kinderspielplatz, Toiletten und Duschmöglichkeiten. Die Wiese dient nicht nur als Erholungsstätte, sondern es finden auch viele Veranstaltungen, wie z. B. der „Lebendige Neckar", dort statt. Zudem gibt es eingerichtete Grillplätze, die an manchen Tagen für Lärm sorgen. An sich ist die Neckarwiese eine schöne Oase der Ruhe.

Weitere Informationen über diesen Ort finden Sie auf www.heidelberg.de | Uferstraße 17, 69120 Heidelberg

HEILIGGEISTKIRCHE

Die evangelische Heiliggeistkirche wurde 1398 bis 1515 errichtet. Diese Kirche ist die einflussreichste und wichtigste in Heidelberg. Die aus rotem Sedimentgestein konstruierte älteste Kathedrale mit pompösem Dach und opulentem Turm-Dach zählt als „völlig singuläres Bauwerk von hohem künstlerischem Rang". Zudem gibt es eine Aussichtsplattform, die sich in 38 Metern Höhe befindet, insgesamt 208 Stufen führen hinauf. Mittlerweile, seit 2009, dient die „Heiliggeistkirche" als Stadtkirche für die Universitätsstadt. Sie steht für alle Interessenten offen und informiert über religiöse Themen. Neben Auftritten, Messen und Kirchenrundgängen werden Metten, kirchliche Gebete und Beistand angepriesen. Wenn Sie mehr wissen wollen, gerne auf www.heidelberg-marketing.de und www.ehihd.de | Heiliggeistkirche | Heiliggeiststraße 17/Marktplatz, 69117 Heidelberg | ☎ 06221 / 98 03-0

METROPOLNIK

50 Künstler aus aller Welt kommen auf einem Festival zusammen. „Metropolnik" startet die 6. Ausgabe der kreativen Intervention. Hier zeigen Graffiti-Künstler an Hauswänden, Stromkästen und vielem mehr ihr Können! Diese Veranstaltung will damit eine moderne Stadtentwicklung veranschaulichen. Außer den Kunstanziehungen bietet das Festival auch Filmvorführungen, Musikveranstaltungen und Workshops. Der Eintritt ist für die Besucher kostenlos, allerdings erfreuen sich die Veranstalter über eine kleine Spende. Es ist ein fabelhaftes Kunsterlebnis in allen Bereichen. Wenn Sie mehr wissen wollen, schauen Sie gern auf www.metropolink-festival.de oder www.heidelberg-marketing.de vorbei. | PX Factory | South Gettysburg Avenue 45, 69124 Heidelberg

APOTHEKEN-MUSEUM

Das Museum wurde in München gegründet und landete durch Zerstörungen und Neueröffnungen letztendlich im Jahre 1957 in der Stadt am Neckar. Das Museum befindet sich im Heidelberger Schloss und fasziniert Jahr für Jahr durch die Vergangenheit der Arzneikunde. Es zeigt die Geschichte von den prähistorischen Anfängen bis zur Entwicklung vom 13. bis zum 21. Jahrhundert im deutschen Raum. Die verschiedensten Themen wie Arbeitsplatz, Kinderapotheke, Themeninseln und das Arzneimittel geben eine perfekte Aufklärung der gesamten Historie. Die Ausstellung ist ein wundervolles Erlebnis für Groß und Klein. Mit dem Schlossticket bzw. mit der Heidelberg Card ist der Eintritt in das Museum kostenlos. Mehr Informationen erhalten Sie auf der Internetseite www.deutsches-apotheken-museum.de | Schloss Heidelberg, 69117 Heidelberg | ☎ 06221 / 2 58 80 | E-Mail: info@deutsches-apotheken-museum.de

Spaß für die ganze Familie

ZUCKERLADEN

Im beühmten Zuckerladen in Heidelberg werden Kindheitsträume wahr, überall Süßigkeiten, so weit das Auge reicht. Hinter den Schaufenstern des Ladens verbirgt sich ein echtes Paradies. Hier wird so herzlich miteinander umgegangen. Wenn Sie Authentischkeit lieben, werden Sie sich hier wie Zuhause fühlen, egal ob groß oder klein, jeder kommt auf seine Kosten. Ich kann allerdings viel erzählen und meine Eindrücke preisgeben, allerdings sollten Sie es selbst erlebt haben. Jeder ist in der vergleichbaren Willy-Wonka-Fabrik willkommen! | 69117 Heidelberg, Plöck 52 | ☎ 06221 / 2 43 65

FALKNEREI TINNUNCULUS

In der Falknerei bekommt man sensationelle Flugvorführungen von verschiedenen Raubvögeln in einem Bergpark zu sehen. Bei den Vorführungen dürfen sogar die Kinder als Falkner mit dem Falknerhandschuh das Können der Tiere aus nächster Nähe erleben. Sie erreichen die Falknerei ganz einfach mit der Bergbahn, ansonsten herrscht auf dem Königstuhl auch Busverkehr (Linie 39, 30) – Ausstieg Sternwarte. Mehr Informationen zu den Terminen und Öffnungszeiten finden Sie selbstverständlich auf der Homepage www.tinnunculus-heidelberg.de | Königstuhl 2. 69117 Heidelberg | ☎ 06221 / 48 59 36

MÄRCHENPARADIES

Der Freizeitpark auf dem Gipfel des Königstuhls umfasst 48.000 m². Auf dieser riesigen Fläche, garantiere ich Ihnen, ist für jeden etwas dabei. Im Märchenparadies gibt es viele unterschiedliche Attraktionen, wie z. B. die Mini-Autoscooter oder die Wasserspiele. Hüpfburgen sind selbstverständlich auch an Bord und natürlich, wie der Name schon sagt, einige Märchenfiguren, die man hautnah erleben kann. Worauf warten Sie also noch, nichts wie hin. Auf der Homepage erfahren Sie, was der Eintritt kostet und ob Hunde erlaubt sind. | www.maerchenparadies.de | Königstuhl 5/2, 69117 Heidelberg | Tel 06221 / 2 34 16

KURPFÄLZISCHES-MUSEUM

Das Museum wurde 1878 in Heidelberg eröffnet, es enthält kulturhistorische Sammlungen aus der Steinzeit bis hin zu Gemälden aus dem 20. Jahrhundert. Auf 1500 m² Fläche werden in 7 Räumen die Archäologie und die Geschichte der Universitätsstadt präsentiert. Im Untergeschoss des Museums werden die Methoden der Archäologie dargestellt. Der Gang durch die geschichtlichen Epochen endet mit dem Heiligenberg, diesem wurde ein ganzer Saal gewidmet, durch den die

vieltausenjährige Geschichte hervorgeht. Das Museum hat täglich von Di. bis So. zwischen 10 und 18 Uhr geöffnet. Auf www.museum-heidelberg.de erfahren Sie mehr über die jeweiligen Ausstellungen. | 69117 Heidelberg, Hauptstraße 97 | ☎ 06221 / 5 83 40 20 oder 06221 / 5 83 90 00 EMail:kurpfaelzischesmuseum@heidelberg.de

UNIVERSITÄTSMUSEUM

Das Museum dokumentiert die Entwicklungs-geschichte der Ruprecht-Karls-Universität. Das Arsenal ist seit 1996 in der alten Universität untergebracht und zeigt Entwicklung, Reichtum und Vielfalt über Ruperto Carola über die Jahrhunderte. Während sich die Ausstellung im Erdgeschoss des 1711 erbauten Gebäudes der Universität befindet, sind im ersten Obergeschoss die Alte Aula und im Nebengebäude der Studentenkarzer, beides Beweise der traditionsreichen Universitäts-geschichte, zu finden. In drei Räumen lassen sich sechs Jahrhunderte der Heidelberger Geschichte nacherleben – angefangen mit der Epoche von 1386 bis 1803, danach folgt die Zeit der Romantik und der Naturwissenschaften. Im dritten und letzten Raum folgt die Epoche des 20. Jahrhunderts. Wenn Sie mehr erfahren und das Museum besuchen wollen, dann schauen Sie doch einmal auf der Internetseite des Universitätsmuseums vorbei, dort erfahren Sie alles rundum die Öffnungszeiten und deren Eintrittpreise. | www.uni-heidelberg.de oder www.heidelberg-marketing.de | Grabengasse 1, 69117 Heidelberg | ☎ 06221/ 5 41 90 12 | E-Mail: kum@uni-heidelberg.de

DER ODENWALD

Geschichte

Die Odenwaldgeschichte reicht zurück in die Zeit des 3. Jahrhunderts, dort hat man Funde von dem damaligen Übergang der Bronzezeit, aus ca. 2200-2800 v. Chr., entdeckt. Die Erzählungen beginnen in der römischen Kaiserzeit, in der im Jahre 100 der Neckar-Odenwald-Limes errichtet wurde, und enden in der Gegenwart, denn auch heute gibt es noch einiges über den Odenwald zu entdecken. Er ist mitunter zur heutigen Zeit einer der wenigen Landkreise ohne Autobahnen. Daher ist die Stadt Heidelberg auch so ein Tourismusmagnet, denn hier im Odenwald gibt es viele Wander- und Radtouren. Am Ende geht es um das Wichtigste, was der Mensch braucht: die Natur und deren frische Luft. Schließlich ist es für viele ein Ort der Ruhe und Entspannung. Auch das Felsenmeer findet sich im kleinen Odenwald wieder und sorgt für regelrechtes Staunen. Vereinzelt findet man in dem riesigen Waldgebiet auch Vulkane. Der komplette Odenwald umfasst eine Gesamtfläche von 2.500 km² und ist somit für Touristen, aber auch für Anwohner ein unglaubliches Spektakel. Auf dem Königstuhl, der zu dem kleinen Odenwald gehört, können sie zum Beispiel die Wanderwege oder auch Radwege des Via Naturae und des Walderlebnispfades durchwandern. Zudem ist auch die Landessternwarte, das Max-Planck-Institut, das Haus der Astronomie und das Märchenparadies sowie die Falknerei Tinnunculus auf dem Königstuhl Zuhause.

Lage des Odenwalds

Der Odenwald liegt im südwestlichen Teil Deutschlands, zwischen Heilbronn und Aschaffenburg, Heidelberg und Darmstadt.

Er ist allerdings im Allgemeinen auf die verschiedenen Bundesländer Bayern, Hessen und Baden-Würtemberg verteilt.

Bedeutung des Namens

Es existieren verschiedenen Theorien über die Namensgebung des Waldes, allerdings entstand der heutige Odenwald vor 300 Millionen Jahren und somit ist die Theorie, dass der Odenwald von dem Wort ode abzuleiten ist, was so viel heißt wie Legende oder Sage, am logischsten. Deswegen bekommt der Odenwald den Namen *„Wald der Legenden"* – was auch kein Wunder ist, denn es wohnen jede Menge Sagen in dem magischen Odenwald Deutschlands.

Über die Autorin

ist Schauspielerin, hat Marketing in Frankfurt studiert und arbeitet nun als Schriftstellerin in Heidelberg. Sie kommt aus Deutschland und lebt in der kleinen Stadt der Romantik. Seit sie vor 3 Jahren hier hergezogen ist, fühlt sich (Name) von Heidelberg in den magischen Bann der Atmosphäre und des Flairs gezogen. Sie kann sich nicht mehr vorstellen, woanders zu leben, zudem ist sie glücklich verheiratet und hat zwei kleine Kinder mit ihrem Mann. (Name) liebt die kleinen Dinge im Leben und diese Dinge geben ihr die romantische Stadt am Neckar. Sie hat diesen Reiseführer in der

Natur geschrieben,ihr Lieblingsort ist das Philosophengärtchen. Von hier aus hat sie die beste Sicht und kann am besten ihren Gedanken freien Lauf lassen. Auch sonst gibt sie sich gerne als Tourist aus und erfährt gerne noch mehr über diese bezaubernde Stadt mit dem atemberaubenden Schloss als Kulisse. Alles, was die Stadt zu bieten hat, ist einzigartig und man muss es mit eigenen Augen gesehen und erlebt haben, findet (Name). Sie hat schon vieles ausprobiert im Leben, aber dass sie Schriftstellerin wird, wusste (Name) schon in jungen Jahren und sie hat sich dieses Ziel verwirklicht!

Packliste

Geld & Finanzen

O (evtl.) Auslandswährung
O Bargeld
O Bauchtasche
O Brustbeutel
O Bauchtasche
O EC-Karte
O Kreditkarte
O Notfall-Telefonnummern der Banken
O Portmonee

Hygiene

O Haarbürste / Kamm
O Deo (klein)
O Shampoo
O Kulturtasche
O Sonnencreme
O Taschentücher

O Reise-Zahnbürste und Zahnpasta
O Verhütungsmittel

Kleidung

O Badeklamotten
O Gürtel
O Hosen kurz / lang
O Mütze / Cap / Hut
O Pullover
O Regenjacke
O Schlafanzug
O Socken
O Sonnenbrille
O Sportklamotten / Jogginghose
O T-Shirts
O Unterwäsche

Medikamente

O Blasenpflaster
O Anti-Durchfalltabletten
O Erste-Hilfe-Set

O Fiebertabletten
O Fiebertabletten
O Mückenschutz
O sonstige Medikamente
O Pflaster
O Kopfschmerztabletten

Unterlagen & Papiere

O ADAC Unterlagen
O Adresslisten für Postkarten
O Krankversicherungsnachweis
O Stadtplan
O Führerschein
O Unterlagen für die Unterkunft
O Wasserdichte Hülle für Reiseunterlagen
O Impfausweis
O Mietwagenunterlagen
O Personalausweis
O Reisepass
O Reisetagebuch
O evtl. Studentenausweis

O evtl. Visum
O Zug- / Bahn- / Flugticket

Taschen & Rucksäcke

O Koffer / Trolley / Reisetasche
O Regenhülle für Rucksack
O Rucksack

Schuhe

O Badeschlappen / Hausschuhe
O Schuhe und Wechselschuhe

Sonstiges

O Brille / Kontaktlinsen und Etui
O Buch zum Lesen
O Ohrenstöpsel und Schlafmaske
O Regenschirm
O Reisedecke
O Wasserflasche
O Wörterbuch

Elektronik

O Digitalkamera
O Handy
O Ladekabel
O Kopfhörer
O evtl. Steckdosenadapter
O Power-Bank

Herstellung und Verlag:

BoD – Books on Demand, Norderstedt

ISBN: 9783750469266

1. Auflage

Kontakt: Psiana eCom UG/ Berumer Str. 44/ 26844 Jemgum

Covergestaltung: Fenna Larsson

Coverfoto: depositphotos.com